# Das alternative Bastelbuch für Kinder

Text und Redaktion
Margit Thomas
Zeichnungen und Gestaltung
Edeltraud und Günter Welz

12. 13. 14. Auflage / Jahr 94 93
© 1993 Zebold Verlag GmbH, München
Umschlag: Welz, Hannover
Satz: Typo Schröder, Dernbach
Druck: Aumüller Druck KG, Regensburg
Printed in Germany

ISBN 3-86188-100-4

**Dieses Buch gehört:**

------------------------------

An die Eltern:

Dieses Bastelbuch soll Kinder und Eltern anregen, im Familienalltag gemeinsam **aktiv & kreativ** zu sein und aus einfachen Mitteln dekorative und nützliche Gegenstände, Spiele und kleine Geschenke zu basteln. Die Bastelschritte sind kindgerecht erklärt, und die übersichtlichen Zeichnungen vereinfachen das Basteln, so daß Kinder auch alleine zurechtkommen.

In diesem Buch werden hauptsächlich Materialien verwendet, die im Haushalt als Abfallprodukte anfallen. Die Kinder sollen lernen, daß aus Altem Neues entstehen kann. Ihre Kreativität wird dadurch gefördert und ihr Selbstwertgefühl gestärkt.

Helfen Sie Ihrem Kind, **aktiv & kreativ** zu sein!

N.S. Die Anleitungen eignen sich auch sehr gut zum Basteln in der Gruppe.

# Inhaltsverzeichnis

Einleitung .................................... 07
Woraus wird in diesem Buch gebastelt ...... 08
Werkzeug, das gebraucht wird .............. 09
Übersicht ..................................... 10

Viele schöne Spiele ..................... 12-22

Auf Dosen durch die Gegend stelzen (ab 5) . 12
Sag es durch die Dose! (ab 5) ............. 13
Gestapelt – gezielt – getroffen (ab 6) .... 14
Laßt die Deckel fliegen (ab 6) ............ 15
Lustiges Reissäckchenspiel (ab 7) ......... 16
Schwing den Ring auf die Feder (ab 8) ..... 18
Wirf die Knöpfe in die Töpfe (ab 7) ....... 19
Wer schafft's durch den Reifen? (ab 8) .... 20
Ein Spiel für drinnen oder draußen (ab 9) . 21
Knack Dir eine flotte Flotte (ab 7) ....... 22

Puppen und andere Figuren ............. 24-34

Struppi der Strumpfhund (ab 10) ........... 24
Bring Leben in Deinen alten Socken (ab 10) . 25
Schau(!)fenstertiere (ab 6) ............... 26
Farbige Wollspätze (ab 10) ................ 27
Bleistiftpuppen (ab 6) .................... 28
Spaßige Maler-Ei (ab 7) ................... 29
Zoo aus Wäscheklammern (ab 6) ............. 30
Vom Eierkarton zur Raupe (ab 6) ........... 31
Puppen schnell zur Hand (ab 5) ............ 32
Fingerpuppentheater (ab 7) ................ 33
Steinies zum Liebhaben (ab 8) ............. 34

Auf die Schnelle gebastelt ............. 36-46

Spiel mit dem Wind (ab 10) ................ 36
Hubschrauber flieg! (ab 6) ................ 38
Ein Rad, das spinnt (ab 7) ................ 39
Fang den Vogel wieder ein (ab 7) .......... 40
Schablonen zum Nachzeichnen (ab 7) ........ 41
Lustige Laternentüte (ab 7) ............... 42
Verkehrszeichen zum Spielen (ab 7) ........ 43
Kronen für kleine Könige (ab 7) ........... 44
Für Puzzle-Freunde (ab 7) ................. 45
Webespaß (ab 6) ........................... 46

Für den Schreibtisch ................... 48-58

Minikommode für kleine Sachen (ab 7) ...... 48
Alte Dosen neu aufgemacht (ab 8) .......... 49
Niedliche Spartiere (ab 9) ................ 50
Korbideen aus der Tonne (ab 10) ........... 51
Basteln mit Ziegelsteinen (ab 9) .......... 52
Praktische Utensilienboxen (ab 8) ......... 54
Das stehende Buch (ab 9) .................. 55
Vorschläge für Umschläge (ab 9) ........... 56
Schnell notiert ist halb gemerkt (ab 10) .. 57
Ein Bild zum Aufstellen (ab 8) ............ 58

Praktisches für den Haushalt ........... 60-70

Was wird das? — Ein Pflanzenfaß! (ab 10) .. 60
Nadelkissen mit Herz (ab 10) .............. 61
Für schmutzige Sohlen (ab 12) ............. 62

Ein geflochtener Teppich (ab 12) . . . . . . . . . 63
Ideal für jedes Regal (ab 10) . . . . . . . . . . . . 64
Die helfende Hand (ab 10) . . . . . . . . . . . . . 66
Originelle Topflappen (ab 10) . . . . . . . . . . . 67
Untersetzer für heiße Gerichte (ab 12) . . . . . 68
Ein hübscher Serviettenhalter (ab 12) . . . . . 70

Nette Geschenkideen . . . . . . . . . . . . . . . 72-82

Vom Lederrest zum Gürtel (ab 12) . . . . . . . . 72
Wir basteln einen Geldbeutel (ab 12) . . . . . . 73
Nadelideen zum Anstecken (ab 10) . . . . . . . 74
Duftkissen — eine dufte Idee (ab 10) . . . . . . 75
Verdeck Dein Schlüsselloch! (ab 8) . . . . . . . 76
Ein Strauß mit Fantasie (ab 8) . . . . . . . . . . . 77
Schale für kleine Pflanzen (ab 8) . . . . . . . . . 78
Pflanz Dir ein Terrarium (ab 9) . . . . . . . . . . . 79
Eine praktische Geschenkidee (ab 9) . . . . . . 80
Ein Körbchen für alle Fälle (ab 9) . . . . . . . . . 81
Geschenkkörbchen: schnell und einfach (ab 6) 82

Dekoratives für leere Wände . . . . . . . . . . 84-94

Ein lebensgroßes Türposter (ab 6) . . . . . . . . 84
Fang Deinen Schatten ein (ab 10) . . . . . . . . 85
Der Wandspruch für weise Worte (ab 9) . . . . 86
Eisstielrahmen mit Stil (ab 9) . . . . . . . . . . . . 87
Der praktische Beutel (ab 10) . . . . . . . . . . . 88
Viele Säckchen für kleine Geschenke (ab 10) 89
Bastle Dir eine Windschelle (ab 8) . . . . . . . . 90
Ein Bilderrahmen zum Nachahmen (ab 10) . . 91
Ampeln: Grünes Licht für die Feier (ab 5) . . . 92
Ketten und Schlingen (ab 7) . . . . . . . . . . . . 93
Aufhänger aus Salzteig (ab 8) . . . . . . . . . . . 94

# Einleitung

Hallo Kinder!

In diesem Buch geben wir euch viele, viele Bastelideen. Manche sind ganz leicht, machen aber trotzdem großen Spaß. Andere sind nicht so einfach, aber die Anweisungen und Zeichnungen helfen euch, sie zu verstehen.
Wie ihr beim Durchblättern merken werdet, sind die meisten Bastelideen aus einfachen Mitteln herzustellen. Ja, sehr viele der Sachen, die man in diesem Buch zum Basteln benötigt, findet ihr manchmal sogar in eurem Abfalleimer!
Die Ideen, die hier angegeben wurden, sind natürlich für euch nur als Anreiz gedacht – ihr werdet dadurch sicherlich angeregt, viele andere nützliche und spielerische Sachen zu basteln. Laßt eurer Fantasie freien Lauf und werdet **aktiv & kreativ**!

# Woraus wird in diesem Buch gebastelt

- Äpfel (getrocknete)
- Ansichtskarten
- Aufkleber
- Bierdeckel
- Bindfaden
- Blechdosen
- Blumendraht
- Blumenerde
- Briefumschläge
- Brötchentüten
- Cremedosen
- Dosen
- Eier (ausgeblasene)
- Eierkartons
- Eisstiele
- Erbsen
- Filz
- Flaschenkorken
- Folie
- Fotos
- Fünf-Mark-Stück
- Gardinenringe
- Garn
- Garnrollen (leere)
- Gemüsedosen
- Geschenkband
- Geschenkpapier
- Gläser
- Glasplatte
- Glitter
- Gräser
- Grillkohle
- Gürtelschnalle
- Gummiband
- Gummiringe
- Gurkengläser
- H-Milch-Behälter
- Handschuhe (alte)
- Holzbretter
- Holzkugeln
- Holzwäscheklammern
- Illustrierte
- Joghurtbecher
- Kaffeedosen
- Kaffeedosendeckel
- Kakaobox
- Kamille
- Kataloge
- Kerzenwachs
- Kieselsteine
- Klarsichtfolie
- Kleiderbügel
- Kleidungsstücke (alte)
- Knöpfe
- Komikhefte
- Korken
- Kronenkorken
- Leder
- Magazine
- Mehl
- Milchdosen
- Milchkartons
- Nadeln
- Nägel
- Nähgarn
- Nelken
- Obsttüten
- Packpapier
- Paketschnur
- Papier
- Pappbecher
- Pappe
- Pappkartons
- Perlen
- Pfeifenreiniger
- Pflanzen
- Postkarten
- Reis
- Salz
- Samenkerne
- Sand
- Schleifen
- Schellen (alte)
- Schlüssel (alte)
- Schrankpapier
- Schuhkartons
- Sicherheitsnadeln
- Stecknadeln
- Steine (glatte)
- Stöcke
- Stoffreste
- Streichhölzer
- Streichholzschachteln
- Strümpfe (alte)
- Styroporkugeln
- Tapeten (alte)
- Tennisbälle
- Toilettenpapierrollen
- Vliesstoff
- Walnußschalen
- Waschmitteltonnen
- Wasser
- Watte
- Wattebällchen
- Wellpappe
- Wollfaden
- Zahnstocher
- Zehn-Pfennig-Stück
- Zeitungen
- Ziegelsteine

# Werkzeug, das gebraucht wird

| | | | |
|---|---|---|---|
| Beize | Klammeraffe | Maßband | Schere |
| Bleistift | Klarlack | Meißel | Spezialkleber |
| Bügeleisen | Klebeband | Messer | Stecknadeln |
| Dosenöffner | Klebstoff | Nachttischlampe | Tapetenkleister |
| Filzstifte | Kombizange | große Nadel | Taschenlampe |
| Hammer | weiße Kreide | Nähnadel | Wachsmalstifte |
| feuchtes Handtuch | Lineal | Pinsel | Wasserfarbe |
| kleiner Holzbohrer | Locher | Plakafarbe | |
| Holzklebstoff | Malstifte | Plätzchenausstecher | |

# Übersicht

| | |
|---|---|
| **Viele schöne Spiele** | 11 |
| **Puppen und andere Figuren** | 23 |
| **Auf die Schnelle gebastelt** | 35 |
| **Für den Schreibtisch** | 47 |
| **Praktisches für den Haushalt** | 59 |
| **Nette Geschenkideen** | 71 |
| **Dekoratives für leere Wände** | 83 |

# Auf Dosen durch die Gegend stelzen

Das wird gebraucht:

* 2 Kaffeedosen
* Papier
* Malstifte
* Hammer und Nagel
* Packschnur
* Schere

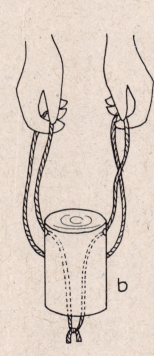

1. Papier ausschneiden, 2 große Kaffeedosen überkleben und schön anmalen.
2. Mit Hammer und Nagel 2 Löcher oben an den Seiten stanzen (Zeichnung a).
3. Eine feste Packschnur, ca. 1,5 Meter lang, durch die Löcher ziehen und an der offenen Dosenseite verknoten (Zeichnung b). Der Knoten bleibt innerhalb der Dose.
* Stelzen macht Spaß — aber ihr müßt es üben!

# Sag es durch die Dose

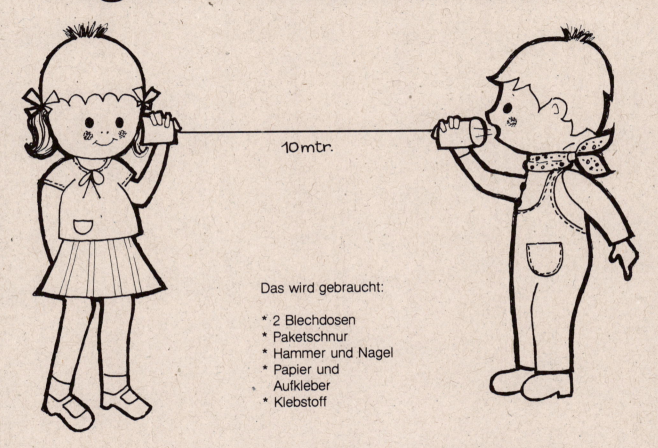

10 mtr.

Das wird gebraucht:

* 2 Blechdosen
* Paketschnur
* Hammer und Nagel
* Papier und Aufkleber
* Klebstoff

1. Zwei leere Dosen schön bekleben und dekorieren.
2. Mit Hammer und Nagel jeweils ein Loch in die Mitte der Böden schlagen.
3. Eine 10 Meter lange Packschnur durch die Löcher ziehen und dick verknoten, damit die Schnur nicht durchrutscht.
4. Einem Freund gegenüberstehen, die Schnur strammziehen und miteinander durch die Dosen sprechen.
* Erzählt euch Geheimnisse oder Witze, oder seid »Polizisten«.

# Gestapelt – gezielt – getroffen

Das wird gebraucht:

* Gemüsedosen
* buntes Papier
* Filzstifte
* Klebstoff
* Tennisball
* Schere

1. Sechs leere Dosen (je größer desto besser) mit buntem Papier bekleben.
2. Bunt bemalen nach Lust und Laune.
3. Auf einem Brett aufbauen und mit einem Tennisball aus ca. 4 Meter Entfernung werfen.
4. Wer nach dreimaligem Werfen alle Dosen getroffen und vom Brett gestoßen hat, ist Sieger.
* Eignet sich als Partyspiel, wenn viele mitmachen.

# Laßt die **Deckel** fliegen

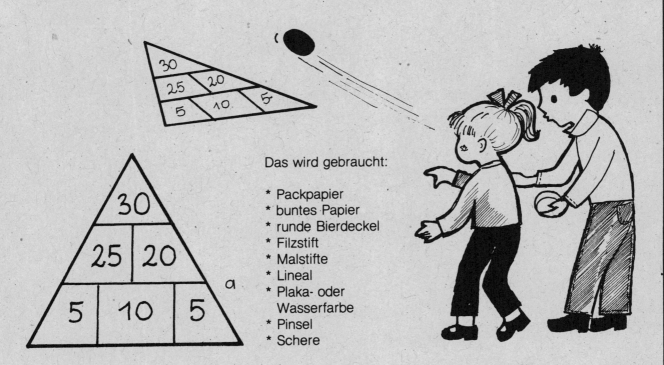

Das wird gebraucht:

* Packpapier
* buntes Papier
* runde Bierdeckel
* Filzstift
* Malstifte
* Lineal
* Plaka- oder Wasserfarbe
* Pinsel
* Schere

1. Aus einem 80 cm x 80 cm großen Bogen Packpapier ein Dreieck falten, ausschneiden und mit einem dicken Filzstift Felder aufzeichnen (Zeichnung a).
2. Die Kante des Dreiecks rundum mit breitem Kreppband stabil machen.
3. Zahlen aus buntem Papier ausschneiden und aufkleben oder mit Malstiften aufmalen.
4. Vier runde Bierdeckel mit Plaka- oder Wasserfarbe anmalen, 2x blau und 2x rot.
5. Zwei Spieler stehen 2 bis 3 Meter von dem Spielfeld entfernt und lassen abwechselnd ihre Deckel fliegen.

* Wer die höchste Punktezahl erreicht hat, ist Sieger.
* Wenn mehrere Spieler mitspielen wollen, müßt ihr weitere Bierdeckel anmalen.

# Lustiges Reissäckchenspiel

Das wird gebraucht:

* alter Strumpf oder Handschuh
* Filzreste
* Malstifte
* Knöpfe
* Reis oder Erbsen
* Wollfaden
* große Nadel
* Pappkarton
* Schere

1. Dem alten Strumpf oder Handschuh mit Filzresten, Knöpfen oder Nähstichen das gewünschte Aussehen geben.
2. Wenn Löcher vorhanden sind, müssen sie zuerst geflickt werden.
3. Den Strumpf oder Handschuh mit Reis oder Erbsen füllen und gut zunähen.
4. Eine Pappwand mit zwei unterschiedlich großen Löchern aus einem Karton basteln (Zeichnung Seite 17).
5. Aus einiger Entfernung werfen und versuchen, die Löcher zu treffen.
* Am besten spielt's sich draußen!

# Schwing den Ring auf die Feder

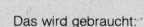

Das wird gebraucht:

* Pappe
* Malstifte
* Bleistift
* Wollfaden
* Schere

1. Den Indianer vergrößern und auf feste Pappe abzeichnen, schön anmalen und ausschneiden (Zeichnung a).
2. Den Ring (10 cm Ø) ebenfalls aus fester Pappe schneiden.
3. Einen Wollfaden durch den Ring ziehen und befestigen.
4. Das andere Ende des Wollfadens durch ein Loch am Kinn des Indianers durchziehen und festknoten (Zeichnung b).
* Versucht den Ring auf die Feder zu bekommen!

# Wirf die Knöpfe in die Töpfe

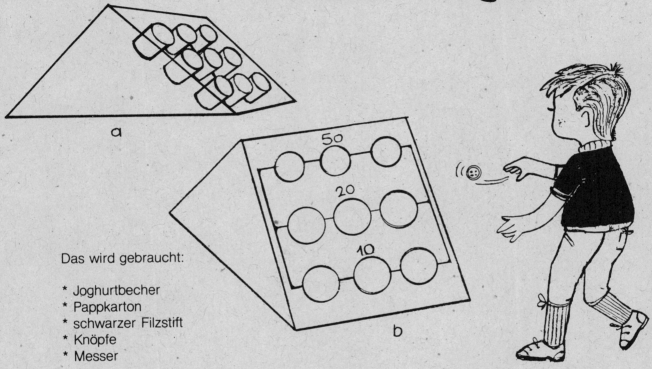

Das wird gebraucht:

* Joghurtbecher
* Pappkarton
* schwarzer Filzstift
* Knöpfe
* Messer

1. Neun Joghurt- oder Pappbecher sammeln.
2. Einen großen Karton schräg schneiden.
3. Löcher in etwas kleinerem Durchmesser als die Becher in gleichmäßigen Abständen aufzeichnen und mit einem Messer ausschneiden (Zeichnung a).
4. Die Becher einsetzen und mit schwarzem Filzstift Punktezahlen aufzeichnen (10, 20, 50).
5. Jeder versucht abwechselnd die Knöpfe in die Becher zu werfen (Zeichnung b).
* Wer nach 10 Würfen die höchste Punktezahl erlangt, hat gewonnen.

# Wer schafft's durch den Reifen?

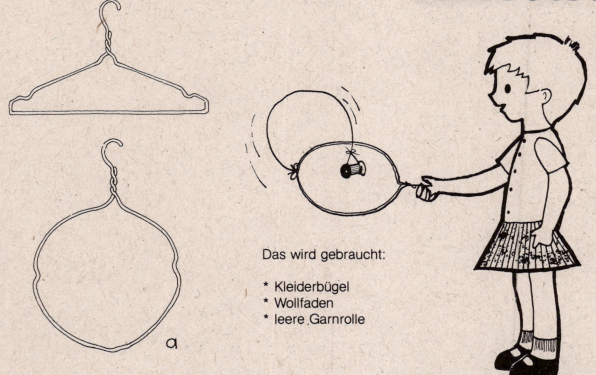

Das wird gebraucht:

* Kleiderbügel
* Wollfaden
* leere Garnrolle

1. Den Kleiderbügel aus Draht zu einem Reifen biegen (Zeichnung a).
2. Falls nicht vorhanden, eine Delle einbiegen, damit der Wollfaden nicht verrutscht.
3. Einen 60 cm langen Wollfaden in der Delle festknoten.
4. Eine Garnrolle an den Wollfaden binden.
5. Mit einer Hand den Bügel am Aufhänger festhalten und die Garnrolle mit Schwung durch den Reifen fliegen lassen.
* Punkte gibt's nur, wenn die Garnrolle den Draht nicht berührt!

# Ein Spiel *für drinnen oder draußen*

Das wird gebraucht:

* Schuhkarton
* Pappe
* Malstifte
* Bleistift
* Lineal
* Klebeband
* Schere

1. Einen quadratischen Schuhkarton wie in Zeichnung a beschildert ausmessen und ausschneiden.
2. Die Ecken jeweils 2 cm links und rechts einschneiden (Zeichnung b).
3. Nach hinten falten und mit Klebeband zusammenkleben, so daß die Ecken stabiler werden (Zeichnung c).
4. Vier Ringe aus Pappe schneiden, indem man eine Untertasse als Schablone nimmt, und anmalen.
5. Aus 2 Meter Entfernung die Ringe über die hochstehenden Ecken werfen.
* Wer am meisten trifft, hat gewonnen.

# Knack Dir eine flotte Flotte

Das wird gebraucht:

* halbe Walnuß-
  schale
* Kerze
* Zahnstocher
* Papier
* Malstifte

1. Dreiecke in 5 cm Größe aus Papier schneiden und anmalen oder mit Namen versehen.
2. Zahnstocher durchstechen.
3. Mehrere Walnüsse halbieren.
4. Schalen mit Kerzenwachs füllen, in dem man das Wachs von einer angezündeten Kerze hineintropfen läßt. (Vorsicht!)
5. Zahnstocher in das Wachs hineinhalten und solange festhalten, bis das Wachs fest geworden ist.
* Jetzt könnt ihr ein Wettpusten im Waschbecken oder in einer Schüssel veranstalten! Wer hat die flotteste Flotte?

# Puppen und andere Figuren

# Struppi der Strumpfhund

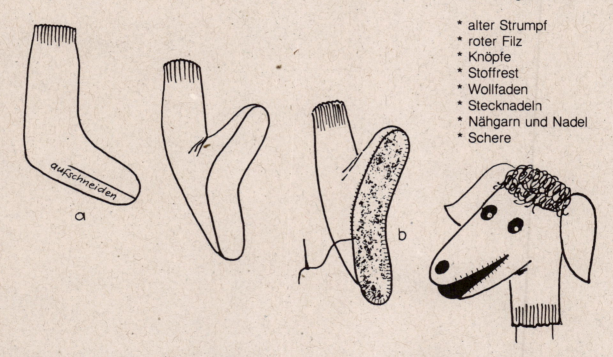

Das wird gebraucht:

* alter Strumpf
* roter Filz
* Knöpfe
* Stoffrest
* Wollfaden
* Stecknadeln
* Nähgarn und Nadel
* Schere

1. Einen alten Strumpf aufschneiden (Zeichnung a).
2. Ein Stück Filz ausschneiden, das in die Maulöffnung paßt.
3. Den Filz mit Stecknadeln anheften und annähen (Zeichnung b).
4. Knöpfe als Augen nehmen und eine Knubbelnase aus Stoff, der über einen Knopf gezogen ist.
5. Schlappohren aus Filz ausschneiden und annähen.
6. Wollfäden für die Haare annähen.
* »Wau, wau, ich bin's, Struppi, der Strumpfhund!«

# Bring Leben in Deinen alten Socken

Das wird gebraucht:

* alter Strumpf
* Pappe
* Malstifte
* Klebstoff
* Schere

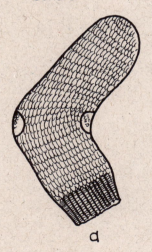

1. Zwei Löcher in einen alten Strumpf schneiden (Zeichnung a).
2. Einen Kopf auf Pappe zeichnen und ausschneiden.
3. Den Kopf an das Ende des Strumpfes kleben.
4. Die Hand in den Strumpf stecken und mit dem Daumen und dem kleinen Finger die Arme der Puppe darstellen.
* So schnell und einfach könnt ihr euch eine Puppe basteln!

# Schau(!)fenstertiere

Das wird gebraucht:

* Schuhkarton
* Klarsichtfolie
* Pappe
* getrocknete Gräser
* Filzstifte
* Nähgarn
* Kieselsteine
* Bleistift
* Klebstoff
* Klebeband
* Schere

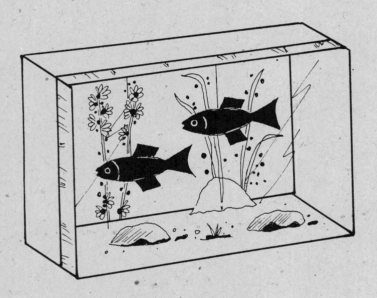

1. Die Rückwand des Schuhkarton von innen bemalen.
2. Vögel oder Fische aus Pappe ausschneiden und anmalen.
3. Ein kurzes Stück Nähgarn an die Rückseite der Tiere und an die Decke des Kartons mit Klebeband befestigen.
4. Kieselsteine und getrocknete Gräser auf dem Boden verteilen und ankleben.
5. Klarsichtfolie gut über den Karton spannen und mit Klebeband festkleben.

# Farbige Wollspätze

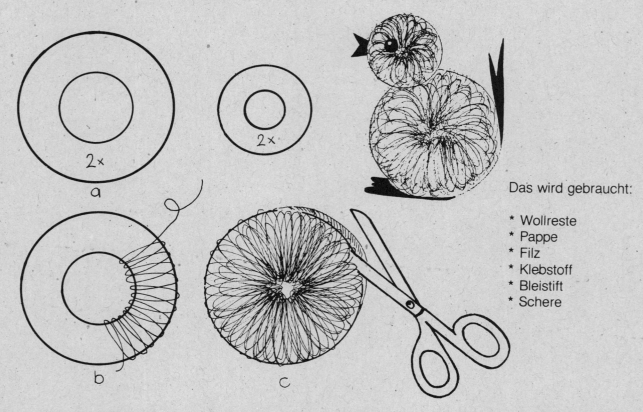

Das wird gebraucht:

* Wollreste
* Pappe
* Filz
* Klebstoff
* Bleistift
* Schere

1. Zwei gleichgroße Ringe aus dünner Pappe ausschneiden (Zeichnung a).
2. Noch einmal zwei gleichgroße Ringe (für den Kopf), etwas kleiner als die ersten, ausschneiden.
3. Die jeweils gleichgroßen Ringe zusammenlegen und mit bunten Wollresten umwickeln, bis das innere Loch fast zu ist (Zeichnung b).
4. Mit einer spitzen Schere zwischen den beiden Pappstücken schneiden (Zeichnung c).
5. Einen Wollfaden durch die Seiten der Pappstücke ziehen und fest verknoten.
6. Die große und die kleine Wollkugel mit dem Wollfaden verknoten.
7. Füßchen aus Pappe schneiden und unten ankleben.
8. Aus schwarzem Filz Augen, Schwanz und Schnabel schneiden und ankleben.

# Bleistiftpuppen

Das wird gebraucht:

* Garnrolle
* Holz- oder Styroporkugel
* Bleistift
* Plakafarbe
* Pinsel
* Filz- und Wollreste
* Pappe
* Klebstoff
* Schere

1. Auf eine leere Garnrolle eine Holz- oder Styroporkugel kleben.
2. Mit heller Farbe zuerst den Rumpf und den Kopf, dann mit dunkler Farbe Nase, Augen und Mund anmalen.
3. Filz-, Wollreste und Pappe für Haare, Mützen oder Schuhe ausschneiden und ankleben.
4. Die Garnrolle auf einen Bleistift stecken.
* Mit mehreren Puppen könnt ihr sogar Puppentheater spielen.

# Spaßige Maler-Ei

Das wird gebraucht:

* ausgeblasene Eier
* Pappe
* Filzreste
* Korken
* Watte
* Wollreste
* Streichholz
* Filzstifte
* Klebstoff
* Schere

1. Eier auspusten und mit Filzstiften bunt anmalen.
2. Mit Wollresten, Pappe, Filzresten, Watte und Kork bekleben und verschönern.
3. Einen Faden zum Aufhängen an einem halbierten Streichholz anbinden.
4. Streichholz durch das Loch im Ei durchstecken und an dem Faden ziehen, damit das Streichholz im Ei hält.
5. Zum Hinstellen, Pappfüße oder Pappringe ausschneiden und ankleben.
* Macht ein lustiges Mobile für euer Zimmer oder stellt die lustigen Eier auf ein Regal!

# Zoo aus Wäscheklammern

Das wird gebraucht:

* Holzwäsche-
  klammern
* Pappe
* Bleistift
* Malstifte
* Schere

1. Tiere auf feste Pappe zeichnen.
2. Von beiden Seiten schön bemalen und ausschneiden.
3. Zwei Holzwäscheklammern als Beine unten anklemmen.
* Überlegt euch, welche weiteren Tiere ihr in eurem Zoo unterbringen könnt!

# Vom Eierkarton zur Raupe

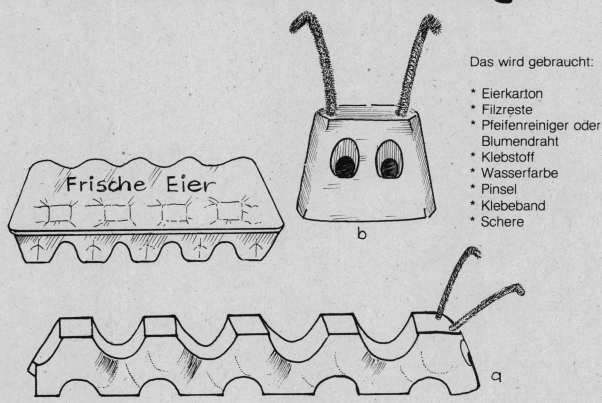

Das wird gebraucht:

* Eierkarton
* Filzreste
* Pfeifenreiniger oder Blumendraht
* Klebstoff
* Wasserfarbe
* Pinsel
* Klebeband
* Schere

1. Von einem Eierkarton die untere Hälfte in zwei Teile schneiden.
2. Die Schnittfläche mit der Schere etwas verbessern.
3. Die eine Hälfte mit der offenen Seite nach unten auf den Tisch stellen (Zeichnung a).
4. Die Fühler aus Pfeifenreiniger oder Blumendraht biegen, durch den Kopf der Raupe bohren und von innen mit einem Klebeband befestigen (Zeichnung b).
5. Die Augen aus Filz ausschneiden und an den Kopf kleben.
6. Mit Wasserfarbe giftgrün anmalen.
* Laßt eure Raupe die Wand hochkriechen!

# Puppen schnell zur Hand

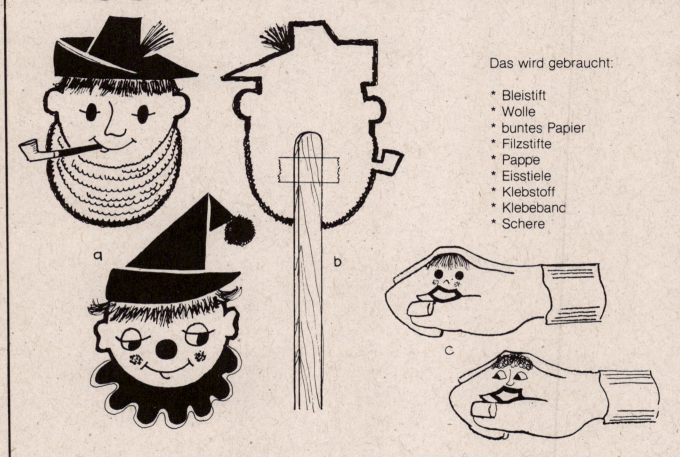

Das wird gebraucht:

* Bleistift
* Wolle
* buntes Papier
* Filzstifte
* Pappe
* Eisstiele
* Klebstoff
* Klebeband
* Schere

1. Gesichter auf Pappe zeichnen.
2. Bunt bemalen oder mit buntem Papier bekleben (Zeichnung a).
3. Eisstiel von hinten mit einem Klebestreifen befestigen (Zeichnung b).

1. Gesicht mit einem Filzstift auf die Seite des Zeigefingers malen (Zeichnung c).
2. Die Öffnung zwischen Daumen und Finger stellt den Mund dar.
3. Den Daumen auf und ab bewegen.
* So kann das Gesicht „sprechen".

# Fingerpuppentheater

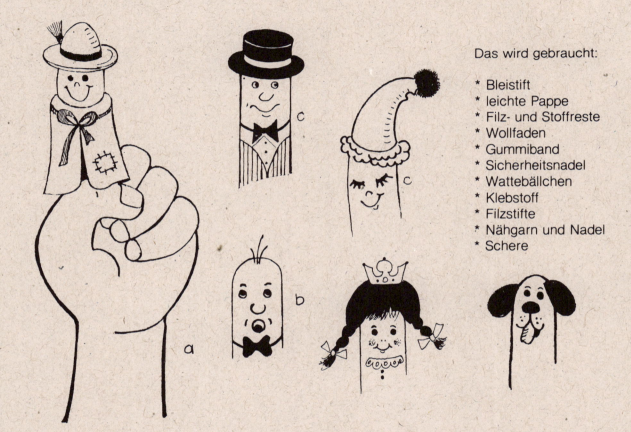

Das wird gebraucht:

* Bleistift
* leichte Pappe
* Filz- und Stoffreste
* Wollfaden
* Gummiband
* Sicherheitsnadel
* Wattebällchen
* Klebstoff
* Filzstifte
* Nähgarn und Nadel
* Schere

1. Den Rock aus Filzresten schneiden (Zeichnung a), um den Zeigefinger wickeln und hinten mit einer Sicherheitsnadel zusammenstecken.
2. Die Fliege aus Stoffresten ausschneiden und an ein Gummiband nähen (Zeichnung b).
3. Eine Kapuze oder Mütze aus Pappe schneiden und aufsetzen (Zeichnung c).
4. Bärte und Haare aus Wollresten oder Wattebällchen aufkleben.

# Steinies zum Liebhaben

Das wird gebraucht:

* glatte Steine
* Plakafarbe
* Pinsel
* Filzstifte
* Spezialkleber

1. Kleine, glatte Steine suchen, die auf einer Seite flach sind, damit sie stehen können.
2. Den Dreck von den Steinen waschen und trocknen lassen.
3. Nach Bedarf mehrere Steine mit einem Spezialkleber zusammenkleben und wiederum trocknen lassen.
4. Mit Plakafarbe oder Filzstiften bunt anmalen.
5. Filz- und Wollreste für Haare, Augen, Nase usw. ausschneiden und ankleben.
* Klebt und malt euch einen Zoo, Autos, Busse und viele, viele Männchen!

# Auf die Schnelle gebastelt

# Spiel mit dem Wind

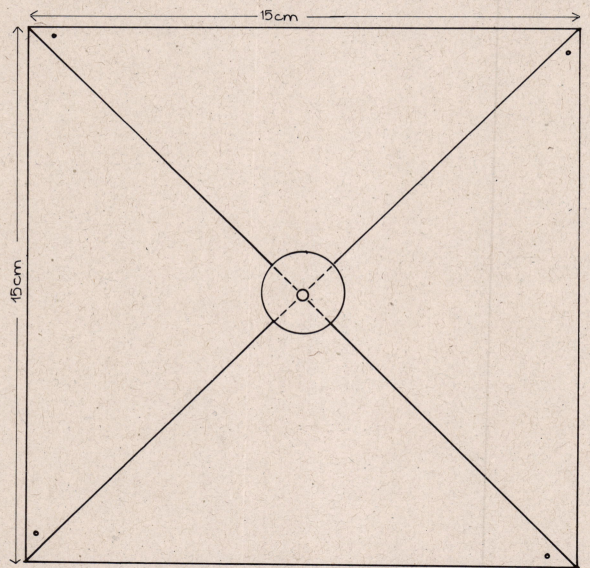

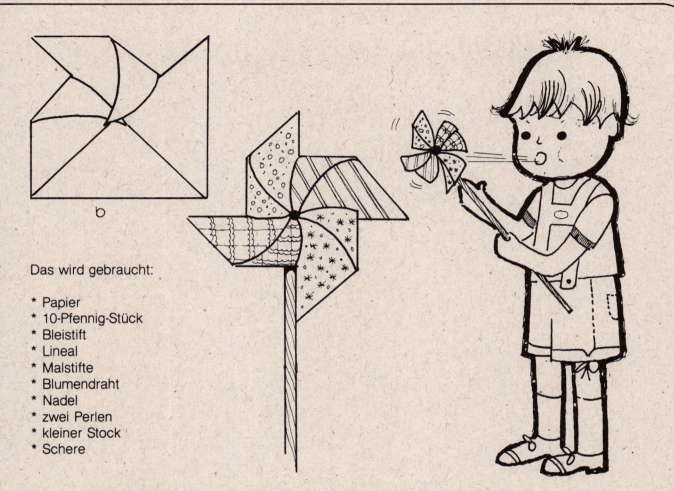

Das wird gebraucht:

* Papier
* 10-Pfennig-Stück
* Bleistift
* Lineal
* Malstifte
* Blumendraht
* Nadel
* zwei Perlen
* kleiner Stock
* Schere

1. Ein Quadrat (Zeichnung a) aus festem Papier schneiden und schön anmalen.
2. Zweimal von Ecke zu Ecke falten und wieder öffnen.
3. Mit dem 10-Pfennig-Stück einen Kreis in die Mitte zeichnen.
4. An den durchgezogenen Linien bis zum Kreis schneiden.
5. Löcher mit der Nadel an die angegebenen Stellen bohren (Zeichnung a).
6. Die vier Ecken zur Mitte biegen (Zeichnung b).
7. Mit einem Stück Blumendraht das Stockende umwickeln.
8. Eine Perle auf den Draht stecken, das Papier durch die Löcher auf den Draht spießen und noch eine Perle als Abschluß aufsetzen.
9. Den restlichen Draht ganz umbiegen und abschneiden.

# Hubschrauber *flieg*

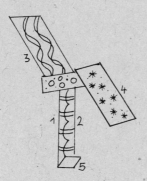

Das wird gebraucht:

* Papier
* Bleistift
* Lineal
* Malstifte
* Schere

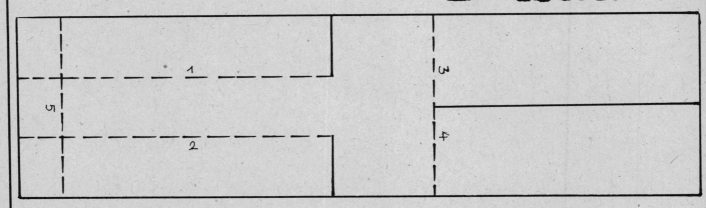

1. Die obige Zeichnung auf normales Papier kopieren.
2. Hubschrauber bunt anmalen.
3. Jeweils an den durchgezogenen Linien entlangschneiden.
4. An den Linien 1 und 2 nach innen falten.
5. An Linie 3 nach oben und an Linie 4 nach unten falten.
6. Linie 5 einfach umbiegen.
7. Den Hubschrauber hochhalten und fallen lassen. Er dreht sich schnell und fällt langsam herunter.
* Bastelt gleich welche mit für eure Freunde!

# Ein Rad, das spinnt

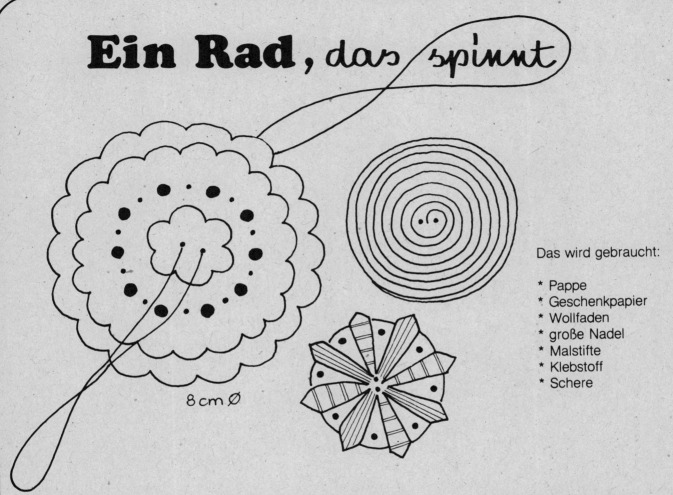

8 cm ⌀

Das wird gebraucht:

* Pappe
* Geschenkpapier
* Wollfaden
* große Nadel
* Malstifte
* Klebstoff
* Schere

1. Aus Pappe eines der obigen Formen ausschneiden und bunt bemalen oder mit Geschenkpapier bekleben.
2. Die vorgegebenen Muster ergeben einen besonders schönen Effekt wenn sich das Rad dreht.
3. In der Mitte der Pappe zwei Löcher dicht nebeneinander mit einer großen Nadel durchstoßen.
4. Den Wollfaden durch die Löcher ziehen und verknoten.
5. Das Spinnrad in die Mitte des Fadens schieben und die beiden Enden des Wollfadens festhalten.
6. Mit beiden Händen das Rad in eine Richtung schwingen, bis sich der Wollfaden genug aufgewickelt hat.
7. Die Enden des Fadens abwechselnd stramm ziehen und locker lassen.
* Achtung: Es funktioniert nur, wenn die Löcher genau in der Mitte sind!

# Fang den Vogel wieder ein

Das wird gebraucht:

* Pappe
* Wollfaden
* große Nadel
* Malstifte
* Schere

1. Ein 10 cm ⌀ Kreis aus stabiler Pappe schneiden.
2. Auf eine Seite des Pappkreises einen Vogel, auf die andere Seite einen Käfig zeichnen und ausmalen.
3. Auf jede Seite 2 Löcher mit einer großen Nadel durchbohren.
4. Jeweils einen Wollfaden durchziehen und verknoten (Zeichnung a).
5. Mit beiden Händen das Rad in eine Richtung schwingen, bis sich der Wollfaden etwas aufgewickelt hat.
6. Die Enden des Fadens stramm ziehen, damit es sich dreht.
* So wird der Vogel wieder in den Käfig fliegen!

# Schablonen zum Nachzeichnen

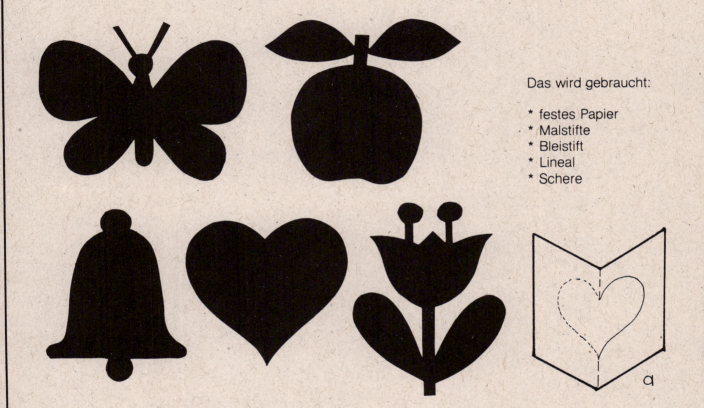

Das wird gebraucht:

* festes Papier
* Malstifte
* Bleistift
* Lineal
* Schere

1. Festes 10 cm x 10 cm großes Papier in der Mitte falten (Zeichnung a).
2. Motiv zur Hälfte aufzeichnen und an der gefalzten Seite des Papiers ausschneiden.
3. Mit der fertigen Schablone Briefpapier oder Grußkarten verzieren.
4. Mit Malstiften ausmalen.
* Sucht noch mehr Motive, aus denen ihr Schablonen schneiden könnt!

# Lustige **Laternentüte**

Das wird gebraucht:

* Obst- oder Brötchentüte
* Malstifte
* Schere
* Wollfaden
* Taschenlampe

1. Auf einer Obst- oder Brötchentüte ein Gesicht mit kräftigen Farben malen.
2. Die Augen herausschneiden.
3. Eine Taschenlampe in die Tüte stecken.
4. Die Öffnung der Tüte mit einem Wollfaden um die Taschenlampe binden.
* Nun habt ihr eine ganz originelle Art von Laterne für eure Nachtwanderungen und Laternenzüge!

# Verkehrszeichen *zum Spielen*

Das wird gebraucht:

* Eisstiele
* 5-Mark-Stück
* Bleistift
* Lineal
* Pappe
* Malstifte
* Klebstoff
* Schere

1. Kreise auf feste Pappe mit einem 5-Mark-Stück aufmalen (für andere Formen Schablonen herstellen) und ausschneiden.
2. Motive von den Zeichnungen kopieren und mit Malstiften in Originalfarben der Schilder buntmalen.
3. Jeweils einen Eisstiel auf der Rückseite der Schilder ankleben.
4. Die Verkehrsschilder können in Knete oder im Salzteig Halt finden (Rezept für Salzteig siehe Seite 94).
* Findet andere Straßenschildermotive in euren Taschenkalendern!

# Kronen *für kleine Könige*

Das wird gebraucht:

* Packpapier oder Pappe
* Bleistift
* Lineal
* Malstifte oder Aufkleber
* Glitter
* Klebstoff
* Schere

1. Eine der abgebildeten Kronen auf leichte Pappe zeichnen und ausschneiden.
2. Die Enden der Krone so zusammenkleben, daß die Krone um den Kopf paßt.
3. Mit Sternchen und Glitter bekleben oder nach eigener Vorstellung bemalen.
* Krönt euch zu Bastelkönigen!

# Für **Puzzle-Freunde**

a

Das wird gebraucht:

* leichte Pappe
* Bleistift
* Lineal
* Ansichtskarte
* Klebstoff
* Schere

1. Eine Ansichtskarte oder ein Kalenderbild auf ein Stück dünne Pappe kleben.
2. Je nach Bildgröße 8 bis 16 Bildabschnitte von hinten aufzeichnen und ausschneiden (Zeichnung a).
3. Nach dem Puzzeln in einer Schachtel gut aufbewahren.
* Malt ein schönes einfaches Bild (Blume, Stern oder Tier) und macht daraus ein Puzzle!

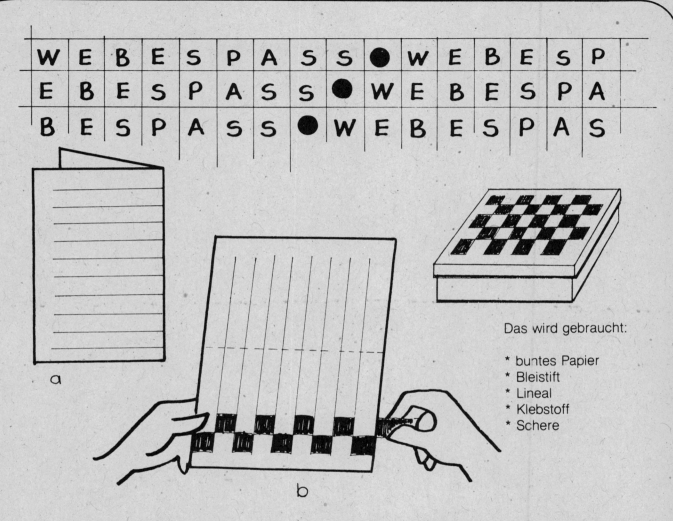

1. Ein DIN-A4-Blatt buntes Papier in der Mitte falten.
2. Mit der Schere alle 1-2 cm einschneiden, jedoch nicht durchschneiden (Zeichnung a).
3. Ein zweites Blatt buntes Papier (von einer anderen Farbe) in 1 cm x 21 cm große Streifen schneiden.
4. Jeweils abwechselnd nach oben und unten die Streifen durch die Schlitze im ersten Blatt weben (Zeichnung b).
5. Die durchgezogenen Streifen jeweils links und rechts festkleben.
* Ihr könnt eine Schachtel mit diesem Blatt bekleben oder es an die Wand hängen als Dekoration. Bastelt kleinere Formate als Lesezeichen!

Das wird gebraucht:

* buntes Papier
* Bleistift
* Lineal
* Klebstoff
* Schere

# Für den Schreibtisch

# Minikommode
## für kleine Sachen

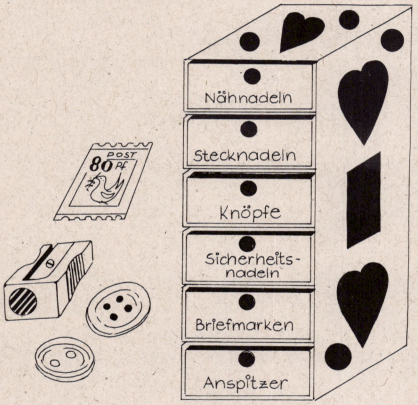

Das wird gebraucht:

* Streichholz-
  schachteln
* Filz- oder
  Lederreste
* kleine Knöpfe
  oder Perlen
* Bleistift
* Klebstoff
* Schere

1. Mehrere leere Streichholzschachteln zusammenkleben.
2. Filz- oder Lederreste für den Umfang der Schachteln ausschneiden und ankleben.
3. Motive wie Herzchen, Blumen oder Kreise ausschneiden und die Schachteln damit verzieren.
4. Knöpfe oder kleine Holzperlen vorne an die Schubladen nähen.
* Wenn ihr wollt, könnt ihr auch die Schubladen beschriften und als Aufbewahrungsplatz für Nähnadeln, Stecknadeln, Sicherheitsnadeln, Büroklammern, Reißzwecken oder Briefmarken benutzen!

# Alte Dosen
## neu aufgemacht

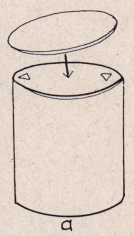

Das wird gebraucht:

* Milchdose
* Pappe
* Malstifte
* Klebstoff
* Schere
* Hammer und Meißel

Das wird gebraucht:

* leere Cremedose
* Aufkleber
* Plakafarbe
* Pinsel

1. Eine leere Dosenmilchdose auswaschen und die Etikette vorsichtig ablösen.
2. Die Dose zum Trocknen für einige Minuten in den warmen Backofen stellen.
3. Die gelöcherte Seite der Dose mit einem runden Pappdeckel abdecken (Zeichnung a).
4. In die andere Seite der Dose mit Hammer und Meißel vorsichtig einen Schlitz einarbeiten.
5. Papier in der Größe der Etikette ausschneiden, schön bemalen und auf die Dose kleben.

1. Eine leere Cremedose mit Plakafarbe bunt anmalen (Smiley, Wolken, Blumen, Herzen) oder mit gesammelten Aufklebern bekleben.
2. Auf den Schreibtisch oder das Nachttischschränkchen stellen als Aufbewahrungsort für alles, was man tagsüber in den Taschen trägt.

# Niedliche Spar~~schweine~~-tiere

Das wird gebraucht:

* Toilettenpapierrolle
* Pappe
* buntes Papier
* Wasserfarbe
* Pinsel
* Bleistift
* Messer
* Klebstoff
* Schere

1. Löwe, Hase oder anderes Tier auf feste Pappe zeichnen und ausschneiden (Gesicht und Hinterteil).
2. Mit dem Messer in die leere Toilettenpapierrolle einen Geldschlitz einschneiden (Zeichnung a).
3. Die Rolle mit dunkler Farbe bemalen oder mit buntem Papier bekleben.
4. Die Rolle mit dem Schlitz nach oben am Vorder- und Hinterteil ankleben. Dabei an den Rollenenden mehrmals einschneiden, umbiegen und ankleben (Zeichnung b).

# Korbideen aus der Tonne

**Das wird gebraucht:**

* Waschmitteltonne
* Maßband
* Schrankpapier oder alte Tapete
* Kleister
* Pinsel
* Schere

1. Eine leere Waschmitteltonne ausmessen.
2. Aus alten Tapetenresten oder Schrankpapier die entsprechende Größe schneiden.
3. Die Tonne mit Tapetenkleister einpinseln und das Papier aufkleben.
4. An den Henkeln ein Stück vom Papier herausschneiden.
5. Für den inneren Boden die Tonne auf die Tapete stellen und mit einem Bleistift rundum abzeichnen.
6. Ausschneiden, mit Kleister einpinseln und ankleben.
* Macht einen Papierkorb, Wollkorb, Wäschekorb oder Spielsachenkorb daraus. Denkt euch »tonnenweise« mehr Ideen aus.

# Basteln mit Ziegelsteinen

„Briefbeschwerer" a

„Schrank" b

* Einen sauberen und trockenen Ziegelstein ohne Löcher mit Plakafarbe recht bunt als Eule oder Clown anmalen (Zeichnung a).
* Um den Schreibtisch zu schonen, die unterste Seite mit einem Stück Filz bekleben.

* Einen Ziegelstein mit großen Löchern als Dekoration für Minigegenstände gebrauchen (Zeichnung b).
* Den Stein einfarbig anmalen und als „Schrank" in eine Ecke auf den Fußboden stellen.

Das wird gebraucht:

* Ziegelsteine
* Filz
* Pappe
* Holzbretter
* Plakafarbe
* Pinsel
* Klebstoff
* Schere

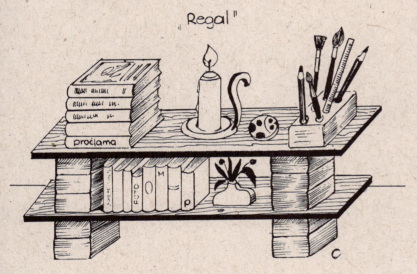

* Je 2-3 Ziegelsteine ca. 80 cm auseinander stapeln.
* Ein schmales Brett daraufstellen und nochmals 2-3 Steine darauflegen.
* Zum Abschluß noch ein Brett aufsetzen (Zeichnung c).

* Motive aus Filzresten ausschneiden und an den Seiten eines Ziegelsteins mit mehreren Löchern aufkleben.
* Ein Stück feste Pappe an die untere Lochseite kleben.
* Bleistifte, Malstifte, Schere, Lineal usw. finden hier ihren Platz (Zeichnung d).

# Praktische Utensilienboxen

Das wird gebraucht:

* Milchkarton
* buntes Papier
* Aufkleber
* Malstifte
* Klebstoff
* Schere

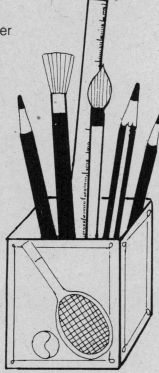

Das wird gebraucht:

* H-Milch Behälter
* buntes Papier
* Klebstoff
* Aufkleber
* Schere

1. Einen 2-Liter Milchkarton zur Hälfte durchschneiden.
2. Karton mit buntem Papier umkleben.
3. Von allen Seiten bemalen oder mit Aufklebern versehen.

1. Vier H-Milch-Behälter stufenförmig schneiden.
2. Jeden Behälter einzeln mit Papier umkleben.
3. Die 4 Behälter der Größe nach zusammenkleben.
4. Von allen Seiten bemalen oder mit Aufklebern versehen.

# Das stehende Buch

Das wird gebraucht:

* Kleiderbügel
* Styroporkugel
* Knöpfe
* Filz
* Plakafarbe
* Pinsel
* Klebstoff
* Schere

1. Einen einfachen Drahtbügel an einer Tischkante umbiegen und in die richtige Form bringen (Zeichnung a).
2. Styroporkugel mit Plakafarbe als Katze, Eule oder Vogel anmalen (Zeichnung b).
3. Augen und Ohren aus Filz schneiden oder Knöpfe aussuchen und ankleben.
4. Den Kopf am Drahtende aufspießen (Zeichnung c).
* Die Buchstütze ist sehr praktisch für den Schreibtisch!

# Vorschläge für Umschläge

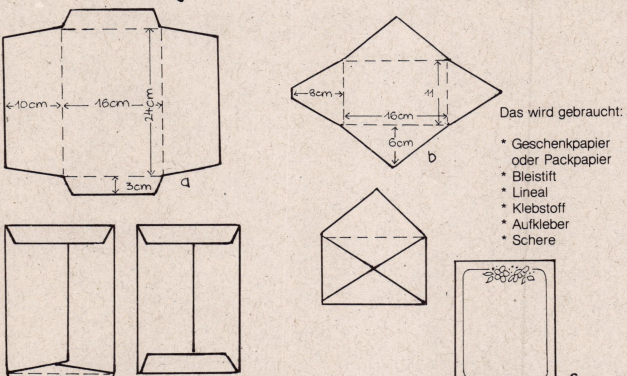

**Das wird gebraucht:**

* Geschenkpapier oder Packpapier
* Bleistift
* Lineal
* Klebstoff
* Aufkleber
* Schere

1. Auf Packpapier oder Geschenkpapier mit Bleistift und Lineal die vorgegebene Größe aufzeichnen und ausschneiden (Zeichnung a).
2. Die beiden schmalen Seitenteile zur Mitte falten.
3. Die untere Hälfte darüberfalten und mit Klebstoff vorsichtig ankleben (oben wird nur gefaltet).
* Wichtig: Beim Geschenkpapier kommt die bunte Seite nach innen. Die äußere Seite muß unbedruckt sein.

1. Auf Packpapier oder Geschenkpapier mit Bleistift und Lineal die vorgegebene Größe aufzeichnen und ausschneiden (Zeichnung b).
2. Die beiden größeren Seiten auf den gestrichelten Linien zur Mitte falten und kleben.
3. Die kürzeren Seiten umfalten und eine davon nur zukleben.
* Briefpapierbogen mit Aufklebern verzieren (Zeichnung c). Schreibt euren Freunden!

# Schnell notiert ist halb gemerkt

Das wird gebraucht:

* weiße Pappe
* Papier
* Wollfaden
* Bleistift
* Lineal
* Malstifte
* Locher
* Schere

1. Figur auf ca. 10 cm x 20 cm große Pappe aufzeichnen, ausschneiden und bunt anmalen.
2. Einen 8 cm x 8 cm großen Schreibblock aus unbeschriebenen Papierresten herstellen.
3. Mit einem Locher Schreibblock und Pappe lochen.
4. Einen Wollfaden durch die Löcher ziehen und verknoten.
5. Um den Hals der Figur eine 35 cm lange Schlinge aus Wollfaden knoten und einen kurzen Bleistift daran binden.

# Ein Bild zum Aufstellen

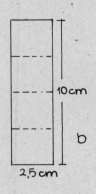

Das wird gebraucht:

* Pappe
* Postkarte, Foto oder Gräser
* Bleistift
* Lineal
* Klebstoff
* Schere

1. Ein 10 cm x 20 cm großes Stück Pappe in der Mitte falten (Zeichnung a).
2. Ein Foto, Bild oder getrocknete Gräser aufkleben.
3. Einen Rahmen rundherum zeichnen.
4. Ein weiteres Stück Pappe 2,5 cm x 10 cm ausschneiden und 3x falten (Zeichnung b).
5. Dieses Stück an die innere Seite des stehenden Bildes kleben, damit es zum Zusammenfalten ist und beim Aufstellen nicht auseinanderrutscht (Zeichnung a).

# Praktisches für den Haushalt

# Was wird das? Ein Pflanzenfaß!

Das wird gebraucht:

* Holzwäscheklammern
* kleine Blechdose
* Klebstoff
* Gummiringe
* Blumendraht
* Kombizange
* Blumenerde
* Pflanzenableger
* Klarlack
* Pinsel

1. Ca. 13 Holzwäscheklammern auseinandertrennen (Zeichnung a).
2. Eine leere Dose, die nicht höher ist als die Klammern selbst, mit Klebstoff bestreichen.
3. Um die Dose zwei Gummiringe spannen und die Klammern hinter die Gummis an die Dose kleben (Zeichnung b). (Die Gummiringe lassen die Klammern nicht verrutschen.)
4. Etwas trocknen lassen, dann die Gummiringe entfernen.
5. Mit einer Kombizange 2 Blumendrähte um die Dosen spannen und die Enden verdrehen.
6. Stehen lassen, bis es ganz trocken ist, dann mit Klarlack lackieren.
7. Mit Blumenerde füllen und einen Pflanzenableger eintopfen (Zeichnung c).

# Nadelkissen mit Herz

Das wird gebraucht:

* Filz
* Pappe
* Wollfaden
* Nadel
* Vliesstoff oder Wattebällchen
* Borde
* Stecknadeln
* Schere

1. Aus Filz jeweils 2 ca. 10 cm x 10 cm große Herzen, Quadrate oder Kreise ausschneiden (siehe Schablonen Seite 41).
2. Mit Nadel und dünnem Wollfaden die 2 Teile zusammennähen.
3. Eine 3 cm große Öffnung lassen, um Wattebällchen oder Vliesstoff hineinzustopfen (Zeichnung a).
4. Ausstopfen, bis das Kissen voll ist und zunähen.
5. Als Verzierung ca. 50 cm Borde rund um das Nadelkissen feststecken und annähen (Zeichnung b).
6. Anfang und Ende der Borde zusammennähen.

# Für schmutzige Sohlen

Das wird gebraucht:

* Holzbrett
* Kronenkorken
* kleine Nägel
* kleiner Hammer

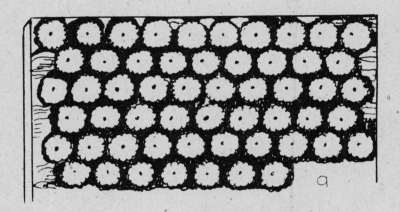

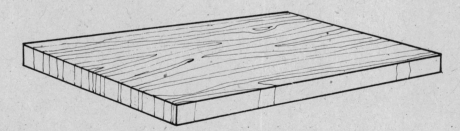

1. Genau 95 gesammelte Kronenkorken wie in Zeichnung a dicht nebeneinander auf ein 35 cm x 35 cm großes Brett mit der scharfen Seite nach oben legen.
2. In die erste Reihe zehn Kronenkorken legen, in die nächste nur neun.
3. Die Reihen jeweils abwechselnd mit zehn bzw. neun Kronenkorken bilden, bis alle Kronenkorken verbraucht sind (ergibt zehn Reihen).
4. Mit einem kleinen Hammer jeweils einen Nagel durch die Kronenkorken schlagen.
* Stellt diesen Schuhabtreter vor eure Haustür! So bleibt der Schmutz draußen!

# Ein geflochtener Teppich

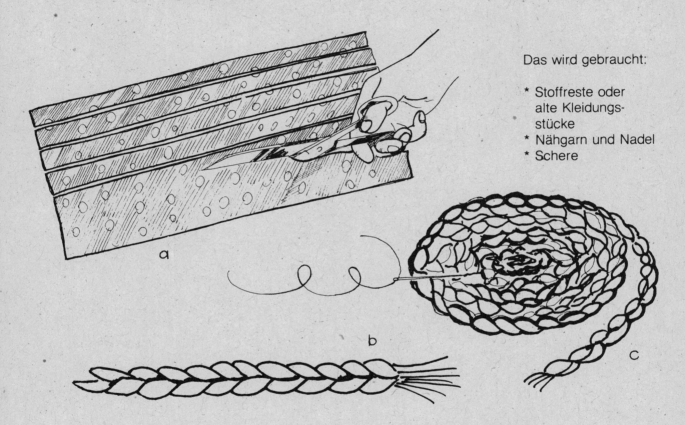

Das wird gebraucht:

* Stoffreste oder alte Kleidungsstücke
* Nähgarn und Nadel
* Schere

1. Alte Kleidungsstücke, die niemand mehr anzieht (Mutti fragen), in ca. 3 cm breite Streifen schneiden (Zeichnung a).
2. Drei gleich lange Streifen an einem Ende zusammenknoten und flechten (Zeichnung b).
3. Weitere drei gleich lange Streifen an das Ende des Geflochtenen annähen und weiterflechten.
4. Schritt 3 wiederholen, bis genug geflochten ist, um eine Matte oder einen Teppich daraus zu machen.
5. Den fertigen Zopf rund oder oval mit einem festen Faden von innen angefangen nach außen hin zusammennähen (Zeichnung c).

# Ideal für jedes Regal

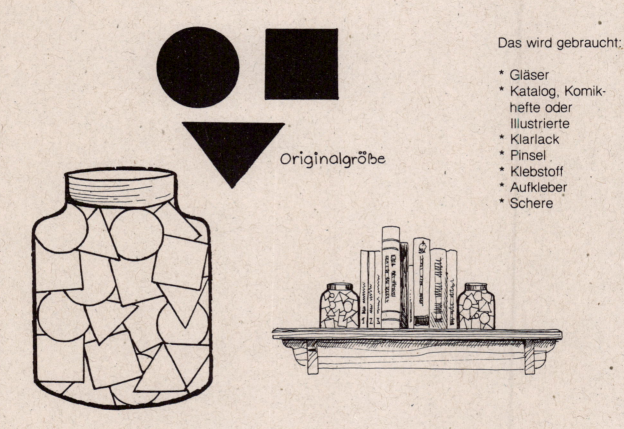

Originalgröße

Das wird gebraucht:

* Gläser
* Katalog, Komikhefte oder Illustrierte
* Klarlack
* Pinsel
* Klebstoff
* Aufkleber
* Schere

1. Buntes Papier aus Illustrierten, Komikheften oder Katalogen in kleine Kreise, Dreiecke oder Quadrate schneiden.
2. Zwei gleichgroße Gläser und Deckel mit den Schnipseln bekleben.
3. Trocknen lassen.
4. Mit Klarlack überlackieren und wiederum trocknen lassen.
5. Die Gläser mit Sand oder kleinen Steinchen füllen und Deckel fest verschließen.
* Falls ihr genügend Aufkleber gesammelt habt, könnt ihr sie auch zum Dekorieren dieser Bücherstützen benutzen.

Das wird gebraucht:

* 2 Ziegelsteine
* Filz
* Plakafarbe
* Pinsel
* Klebstoff
* Schere

a
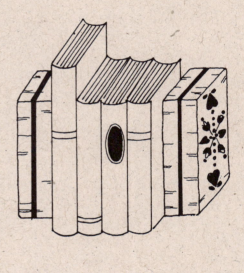

1. Zwei glatte Ziegelsteine säubern und trocknen lassen.
2. Die ganzen Steine mit heller Plakafarbe bemalen und trocknen lassen.
3. Muster oder Motive mit dunklerer Plakafarbe darübermalen (Zeichnung a).
4. Auf die hingestellte Fläche Filz aufkleben zur Schonung des Bücherschrankes.
* Statt die Steine zu bemalen, könnt ihr Filz ausschneiden und ankleben.
* Bücherstützen sind ein sehr praktisches Geschenk.

# Die helfende Hand

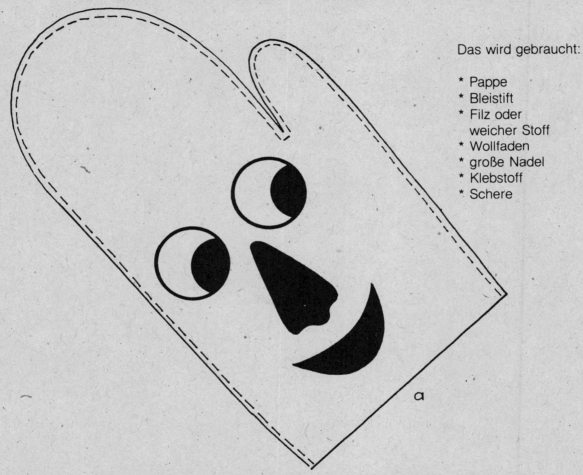

Das wird gebraucht:

* Pappe
* Bleistift
* Filz oder weicher Stoff
* Wollfaden
* große Nadel
* Klebstoff
* Schere

1. Muster von Zeichnung a vergrößern, auf Pappe zeichnen und ausschneiden.
2. Pappe auf Filz oder weichen Stoff legen und zweimal ausschneiden.
3. Die zwei Teile aufeinanderlegen und mit einem Wollfaden zusammennähen. Öffnung für die Hand lassen.
4. Aus Filzresten Augen, Nase und Mund schneiden und daraufkleben.
* Das Staubputzen ist jetzt einfacher und macht wieder Spaß!

# Originelle Topflappen

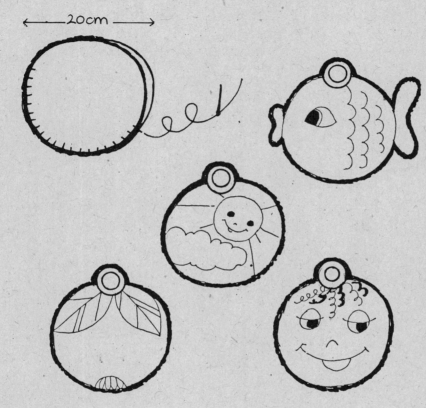

Das wird gebraucht:

* Filz oder Stoff
* Vlies
* Stecknadeln
* Wollfaden
* Knöpfe
* Pappe
* Gardinenring
* Bleistift
* große Nadel
* Schere

1. Muster in ca. 20 cm Größe aus Pappe ausschneiden.
2. Fisch, Apfel, Gesicht oder Sonne 2x aus dem Filz ausschneiden.
3. Dieselbe Form einmal aus Vlies für das Zwischenstück schneiden.
4. Die drei aufeinandergelegten Teile mit Stecknadeln feststecken und mit Nähnadel und Wollfaden rundum nähen.
5. Als Aufhänger einen Gardinenring oben annähen.
6. Knöpfe für die Augen nehmen. Filzreste für Backen, Mund oder Augenbrauen aufkleben.

# Untersetzer für heiße Gerichte

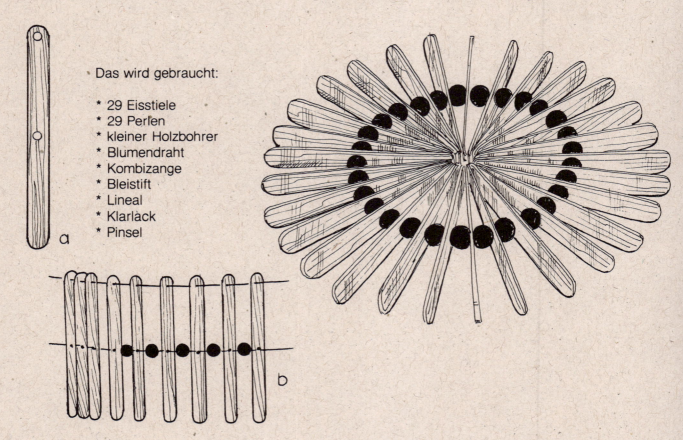

Das wird gebraucht:

* 29 Eisstiele
* 29 Perlen
* kleiner Holzbohrer
* Blumendraht
* Kombizange
* Bleistift
* Lineal
* Klarlack
* Pinsel

1. In jeden Eisstiel 2 Löcher mit einem kleinen Handbohrer bohren, eins in der Mitte und das andere am Ende des Stiels (Zeichnung a).
2. Der Abstand soll auf jedem Eisstiel genau gleich groß sein.
3. Einen Blumendraht durch die Löcher an den Enden der Stiele durchziehen.
4. Zwischen den mittleren Löchern jeweils eine Holzperle legen und einen weiteren Blumendraht durch Stiele und Perlen ziehen (Zeichnung b).
5. Die Drähte stramm ziehen und die Enden mit der Kombizange verdrehen.
6. Mit Klarlack lackieren.

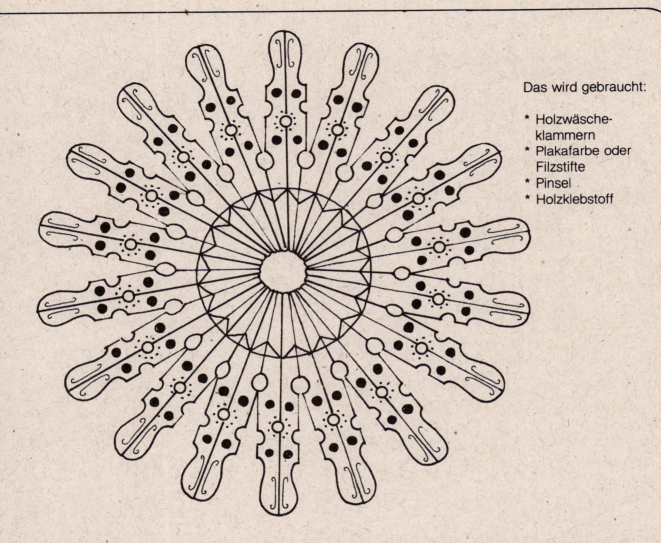

Das wird gebraucht:

* Holzwäscheklammern
* Plakafarbe oder Filzstifte
* Pinsel
* Holzklebstoff

1. Achtzehn Holzwäscheklammern auseinandernehmen (Zeichnung a Seite 60).
2. Zwei Hälften jeweils umgedreht aneinanderlegen.
3. Mit Plakafarbe oder Filzstiften anmalen und trocknen lassen.
4. Mit Holzklebstoff zusammenkleben.
* Ihr könnt die Klammern auch zuerst zusammenkleben, dann anmalen, aber ihr müßt aufpassen, daß kein Klebstoff auf die Malfläche kommt!

# Ein hübscher Serviettenhalter

Das wird gebraucht:

* Kakaobox
* buntes Papier
* Malstifte
* Lineal
* Klebstoff
* Schere

1. Eine Kakaobox mit buntem Papier bekleben.
2. Regenbogen, Wolken, Smileygesicht oder anderes Motiv aufzeichnen und ausmalen.
3. Mit einer Schere ausschneiden.
4. An den Schnittkanten nach Bedarf etwas schleifen.
* Je freundlicher und bunter das Motiv, desto lieber wird es benutzt.

# Nette Geschenkideen

# Vom Lederrest zum **Gürtel**

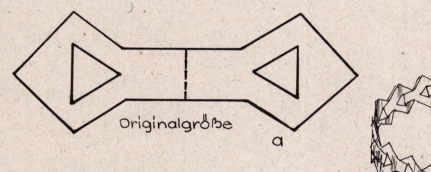
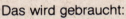

Das wird gebraucht:

* Lederreste
* Gürtelschnalle
* Bleistift
* Lineal
* Hammer und Nagel
* Nähgarn und Nadel
* Schere

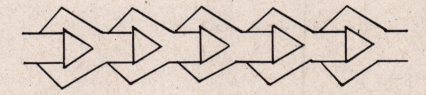

1. Obiges Muster auf die Lederreste zeichnen und ausschneiden (Zeichnung a).
2. Das erste Stück durch eine alte Gürtelschnalle ziehen und falten.
3. Ein weiteres ungefaltetes Stück durch das gefaltete Stück ziehen und wieder falten.
4. Schritt 3 wiederholen, bis die gewünschte Länge erreicht ist.
5. Für das Gürtelende ein 12 cm langes gerades Stück Leder ausschneiden.
6. Vier bis fünf Löcher in 2 bis 3 cm Abständen mit Hammer und Nagel stanzen.
7. Gürtelende durch das letzte gefaltete Stück ziehen und fest annähen.

# Wir basteln einen Geldbeutel

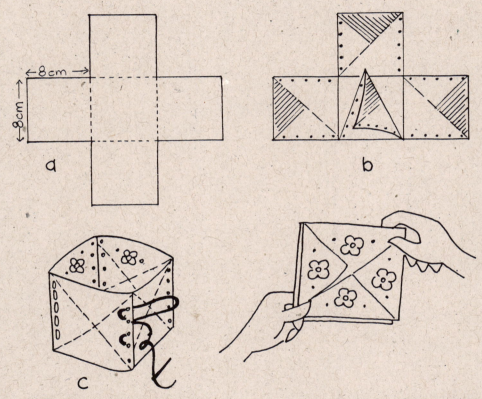

Das wird gebraucht:

* Leder
* feuchtes Handtuch
* Bügeleisen
* Wollfaden
* Bleistift
* Lineal
* große Nadel
* Klebstoff
* Schere

1. Aus einem weichen Stück Leder ein 24 cm x 24 cm großes Teil ausschneiden.
2. Zeichnung a vergrößern, auf das Leder kopieren und an den durchgezogenen Linien ausschneiden.
3. Mit der großen Nadel Löcher an den Seiten in Abständen von 1,5 cm vorstechen.
4. An den gestrichelten Linien (Zeichnung b) falten.
5. Ein feuchtes Handtuch darüberlegen und mit einem kalten Bügeleisen pressen.
6. Hochstellen wie in Zeichnung c und an den Kanten mit dem Wollfaden zusammennähen.
7. Das Ende des Fadens nach innen vernähen.
8. Durch Falten schließen und nach Wunsch Blümchen aus Lederresten aufkleben.

# Nadelideen
## zum Anstecken

Das wird gebraucht:

* Kronenkorken
* Sicherheitsnadel
* Pappe
* Plakafarbe
* Pinsel
* Filzstifte
* Nähgarn
* Klebstoff
* Schere

1. Den Kronenkorken mit heller Plakafarbe anmalen und trocknen lassen.
2. Mit bunten Filzstiften ein schönes Motiv oder einen Namen daraufmalen.
3. Ein Stückchen Pappe in der Größe einer kleinen Sicherheitsnadel ausschneiden.
4. Garn um Pappe und Nadel wickeln (Zeichnung a) und das Ende des Garns verknoten.
5. Die Pappe an die Innenseite des Kronenkorkens festkleben.
* Diese Nadeln eignen sich gut als Bandenabzeichen oder Namensschilder.

# Duftkissen *eine düfte Idee*

Das wird gebraucht:

* Stoffreste
* Wollfaden oder Schleifen
* große Nadel
* Schere
* Nelken und getrocknete Äpfel oder Kamille

1. Eine Schablone von Seite 41 aussuchen, in ca. 12 cm x 12 cm Größe auf Stoff zeichnen und ausschneiden.
2. Mit einem 50 cm langen dicken Wollfaden rundum zusammennähen, bis auf eine kleine Öffnung.
3. Durch die Öffnung getrocknete Apfelstücke und Nelkengewürz hineinfüllen.
4. Die Öffnung zunähen und eine Schleife aus dem restlichen Wollfaden binden.
5. Das Duftkissen an einen Wäschebügel hängen.
* Der Wäscheschrank riecht jetzt nicht mehr muffig, sondern duftet schön!
* Gesammelte Kamillenblüten oder getrocknete Pfefferminze können auch als Füllung genommen werden.

# Verdeck Dein Schlüsselloch

Das wird gebraucht:

* Bleistift
* Pappe
* Filzreste
* Klebstoff
* Gummiband
* Schere

1. Eines der Motive auf ein Stück Pappe ca. 15 cm groß aufmalen und ausschneiden.
2. Aus bunten Filzresten jedes Teil doppelt ausschneiden.
3. Auf beiden Seiten der Pappe aufkleben.
4. Gummiband oben befestigen.
5. An die Türklinke über das Schlüsselloch hängen.

# Ein Strauß mit Fantasie

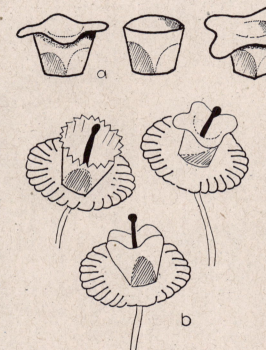

Das wird gebraucht:

* Eierkarton
* Pfeifenreiniger oder Blumendraht
* Wasserfarbe
* Pinsel
* Papier
* Wellpappe
* Wollfaden
* Bleistift
* Klebstoff
* Schere

1. Vom Eierkarton die becherförmigen Teile herausschneiden.
2. Viele verschiedene Formen ausschneiden (Zeichnung a).
3. Mit Wasserfarbe bunt anmalen.
4. Mit Pfeifenreiniger oder Blumendraht die Blumenkelche von unten durchstoßen und von innen verbiegen.
5. Ein Stück buntes kreisförmiges Papier mehrmals einschneiden, von unten dazuschieben und ankleben (Zeichnung b).
6. Als Ständer einen langen Streifen Wellpappe zusammenrollen und mit einem Wollfaden eine Schleife binden, damit es zusammenbleibt (Zeichnung c).
7. Die Blumen zu einem Strauß in den Ständer stecken.

# Schale für kleine Pflanzen

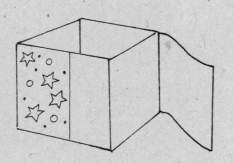

Das wird gebraucht:

* quadratischer Milchkarton
* Geschenkpapier oder Tapete
* Bleistift
* Lineal
* Pflanze oder Ableger
* Blumenerde
* Klebstoff oder Tapetenkleister
* Schere

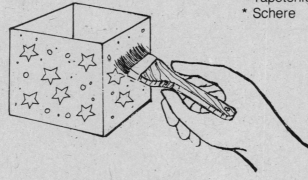

1. Einen Milchkarton zur Hälfte durchschneiden.
2. Geschenkpapier oder alte Tapete zurechtschneiden und den Karton umkleben.
3. Diesen Pflanzentopf mit Blumenerde füllen.
4. Eine kleine Pflanze oder einen Ableger hineinpflanzen und begießen.
* Die Schale kann auch mit Klarlack lackiert werden.

# Pflanz Dir ein Terrarium

Das wird gebraucht:

* Gurkenglas
* kleine Glasplatte
* Sand
* Grillkohle
* Kieselsteine
* Blumenerde
* kleine Pflanzen oder Samenkerne

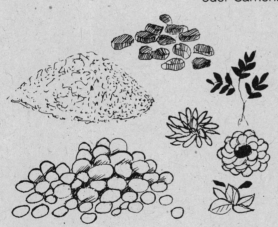
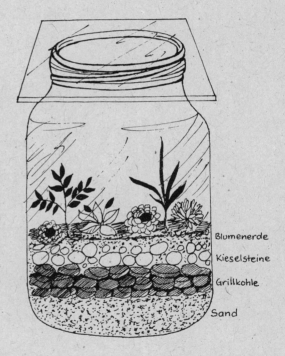

1. Ein leeres Gurkenglas in folgender Reihenfolge zur Hälfte auffüllen: eine Schicht Sand, eine Schicht Grillkohle, einige Kieselsteine, eine Lage Blumenerde.
2. Einige Ableger hineinpflanzen, sowie Usambaraveilchen, Efeu, Kakteen oder Kerne.
3. Mit einer kleinen Glasplatte abdecken.
4. Je nach Pflanzenart begießen, jedoch weniger als sonst; da durch die Glasplatte die Luft feucht gehalten wird.
* Paßt auf, wie es wächst!

# Eine praktische Geschenkidee

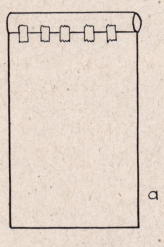

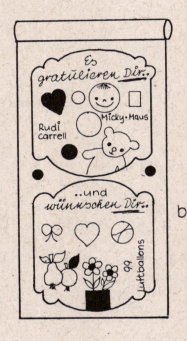

**Das wird gebraucht:**

* Geschenkpapier
* Schleife oder Wollfaden
* Papprolle einer Küchenrolle
* Illustrierte, Komikhefte, Zeitungen, Magazine
* Filzstift
* Klebeband
* Klebstoff
* Schere

1. Ca. 1 Meter Geschenkpapier in der Breite einer Küchenrolle zurechtschneiden.
2. Das Papierende an der Papprolle mit Klebeband befestigen (Zeichnung a).
3. Um die ersten 50 cm einen Rahmen zeichnen.
4. In den Rahmen folgende Worte schreiben: „Es gratulieren Dir..." (Zeichnung b).
5. Aus Illustrierten, Zeitungen und Magazinen viele Gegenstände, Fotos oder Namen von wichtigen Personen ausschneiden und mit Klebstoff bunt durcheinander aufkleben.
6. Die zweite Hälfte ebenfalls einrahmen und schreiben: „....und wünschen Dir..."
7. Nochmals aus Zeitschriften Gegenstände und Worte ausschneiden und aufkleben.
8. Aufrollen und mit einer Schleife oder einem Wollfaden zubinden.
* Am Ende der Rolle kann ein 10,-DM Schein als Überraschung vorsichtig mit Klebeband angeklebt werden.
* Überlegt euch, wer als nächstes Geburtstag hat und fangt gleich an!

# Ein Körbchen für alle Fälle

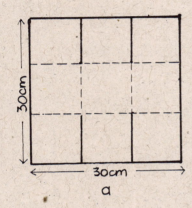

a

Das wird gebraucht:

* Pappe
* Bleistift
* Lineal
* Aufkleber
* Malstifte
* Klammeraffe
* Schere

1. Ein 30 cm x 30 cm großes Quadrat aus fester Pappe schneiden.
2. Alle 10 cm ausmessen und Linien ziehen (Zeichnung a).
3. Die durchgezogenen Linien mit der Schere einschneiden.
4. An den gestrichelten Linien falten.
5. Einen 30 cm langen schmalen Streifen Pappe für den Henkel ausschneiden.
6. Die eingeschnittenen Laschen hochbiegen und mit den gefalteten Seiten und dem Henkel festklammern.
7. Mit Aufklebern versehen oder bunt anmalen.
* Füllt das Körbchen mit Plätzchen, Blümchen oder Bonbons als Geschenk!

# Geschenkkörbchen:
## schnell und einfach

**Das wird gebraucht:**

* Briefumschlag
* Malstifte
* Bleistift
* Klebstoff
* Schere

**Das wird gebraucht:**

* Joghurt- oder Pappbecher
* Dosenöffner
* Wollfaden oder Geschenkband
* Aufkleber oder Filzstifte
* Schere

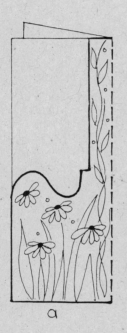

1. Einen einfachen Briefumschlag schön bunt bemalen.
2. Den Briefumschlag zukleben und einmal längs falten.
3. An der durchgezogenen Linie ausschneiden und wieder auseinandernehmen (Zeichnung a).
4. Die Spitzen am Boden zur Mitte hin falten und zukleben.

1. In einem Joghurt- oder Pappbecher mit einem spitzen Dosenöffner 2 Löcher bohren.
2. Wollfaden oder Geschenkband durch die Löcher ziehen.
3. Den Becher mit Aufklebern schmücken oder mit Filzstiften bemalen.
4. Mit Bonbons, Blumen oder kleinen Geschenken füllen (Zeichnung b).

# Dekoratives für leere Wände

# Ein lebensgroßes Türposter

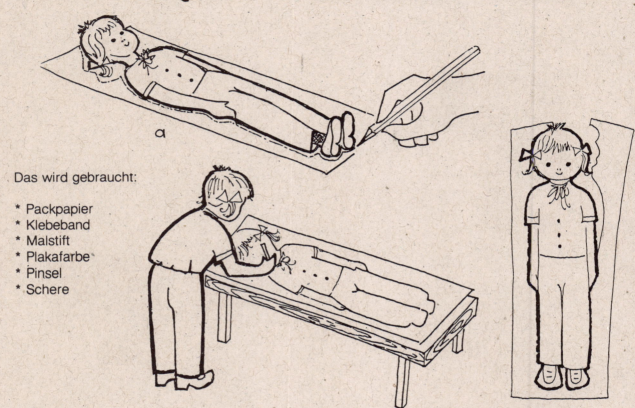

Das wird gebraucht:

* Packpapier
* Klebeband
* Malstift
* Plakafarbe
* Pinsel
* Schere

1. Auf einem großen Stück Packpapier liegen (Zeichnung a).
2. Die Hände dicht am Körper halten.
3. Einen Freund bitten, mit einem gut sichtbaren Malstift einmal ganz um den Körper herumzumalen.
4. Arme und Beine nachträglich richtig einzeichnen und das Bild „anziehen" (Hose und Pullover mit Plakafarbe malen).
5. Ausschneiden und mit Klebestreifen an der Tür befestigen.

# Fang Deinen Schatten ein

Das wird gebraucht:

* schwarze und weiße Pappe
* Klebeband
* weiße Kreide
* Nachttisch- oder Schreibtischlampe
* Klebstoff
* Schere

1. Auf einem Stuhl neben einer Wand oder Tür sitzen.
2. Ein 30 cm x 40 cm großes Stück schwarze Pappe in Kopfhöhe an der Wand befestigen.
3. Mit einer Nachttischlampe auf die Pappe leuchten, so daß der Schatten des Kopfes auf der Pappe zu sehen ist.
4. Von einem Freund das Profil auf die Pappe mit einem Stück Kreide zeichnen lassen.
5. Das Profil ausschneiden, auf weiße Pappe kleben, Name darunterschreiben und aufhängen.

# Der **Wandspruch** *für weise Worte*

Das wird gebraucht:

* 12 Eisstiele
* Klebstoff
* Pappe
* Klebeband
* Wollfaden
* Filzstifte
* Klarlack
* Pinsel

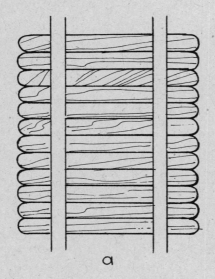

a

1. Zwölf Eisstiele mit 2 Streifen Klebeband nebeneinander zusammenkleben (Zeichnung a).
2. Ein Stück Pappe ausmessen in der Größe der zusammengelegten Eisstiele.
3. Wollfaden als Aufhänger zwischen Pappe und Eisstiele halten und alles zusammenkleben.
4. Vers, Wandspruch oder Botschaft mit Filzstiften aufzeichnen.
5. Mit Klarlack lackieren.
6. Trocknen lassen und an die Ward oder die Tür hängen.

# Eisstielrahmen mit Stil

**Das wird gebraucht:**

* 12 Eisstiele
* Pappe
* Klebstoff
* Foto oder Ansichtskarte
* Klarlack
* Pinsel
* Klebeband
* Wollfaden

1. Ein 10 cm x 10 cm großes Stück Pappe ausschneiden.
2. Ein Foto, Bild oder eine Ansichtskarte auf die Pappe kleben.
3. Einen Eisstiel oben und einen unten auf das Bild kleben. Rechts und links je einen Eisstiel festkleben (Zeichnung a).
4. Eisstiele so ankleben, daß die Enden der Stiele ca. 1 cm über das Bild hinausragen.
5. Schritt 3 wiederholen, bis alle Eisstiele übereinander liegen, dabei jedesmal etwas mehr nach außen versetzen.
6. Den Wollfaden als Aufhänger mit einem Klebestreifen befestigen (Zeichnung b).
7. Mit Klarlack lackieren.

# Der praktische Beutel

Das wird gebraucht:

* Stoff
* Maßband
* Kordel
* Nähgarn und Nadel
* Sicherheitsnadel
* Schere

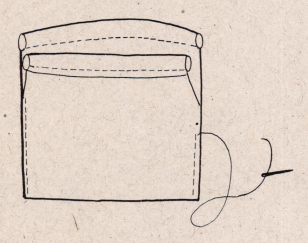
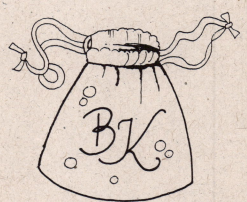

1. Stoff für den Turnbeutel ausschneiden (40 cm x 80 cm) und falten, schöne Seite nach innen.
2. Die oberen Kanten 3 cm umnähen (Zeichnung a).
3. Rechts und links zusammennähen, jedoch die oberen 3 cm offen lassen.
4. Die Sicherheitsnadel am Ende einer 80 cm langen Kordel (für kleine Säckchen 20 cm lang) durch die beiden Säume ziehen und verknoten (Zeichnung b).
5. Schritt 4 mit einer zweiten Kordel wiederholen, jedoch von der anderen Seite einfädeln.

# Viele Säckchen für kleine Geschenke

* Für das kleine Säckchen 10 cm x 20 cm bunten Stoff ausschneiden und die Schritte 1 bis 5 von Seite 88 befolgen.
* Der Turnbeutel läßt sich leicht öffnen und zuziehen.
* Vierundzwanzig Säckchen sind eine gute Idee für die Adventszeit. An eine Schnur binden und mit kleinen Geschenken füllen.

# Bastle Dir eine Windschelle

Das wird gebraucht:

* Kaffeedosendeckel
* Hammer und Nagel
* Wollfaden
* alte Schlüssel, Nägel, Schellen u.ä.

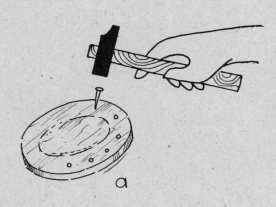
a

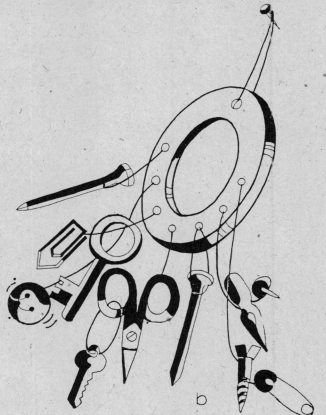
b

1. In den Plastikdeckel einer Kaffeedose 6 bis 8 Löcher mit Hammer und Nagel stanzen (Zeichnung a).
2. Alte Nägel, Schlüssel, Klingeln, Sicherheitsnadeln und andere Metallgegenstände mit dünnem Wollfaden an den Deckel festbinden (Zeichnung b).
3. Ein weiteres Loch durch den Deckel schlagen.
4. Zum Aufhängen einen Wollfaden durchziehen.
5. In der Nähe der Haustür oder eines Fensters aufhängen.
* Beim Öffnen der Tür oder des Fensters klingelt die Windschelle.

# Ein **Bilderrahmen** zum Nachahmen

Das wird gebraucht:

* schwarze oder rote Pappe
* Fotos
* Bleistift
* Lineal
* Klebeband
* Schere

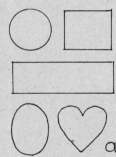

a

1. Ein großer Bogen schwarze oder rote Tonpappe an den Ecken abrunden.
2. Schablonen in Formen von Ovalen, Kreisen, Herzen, Quadraten und Rechtecken aus anderer Pappe ausschneiden (Zeichnung a).
3. Schablonen auf die Tonpappe legen, aufzeichnen und ausschneiden.
4. Fotos auswählen und mit Klebeband hinter die Öffnungen kleben.
5. Den Rahmen sichtbar an einer Wand befestigen.
* Fotos werden auf diese Art mehr bewundert und gesehen als in einem Album.

# Ampeln: Grünes Licht für die Feier

Das wird gebraucht:

* Papier oder Folie
* Klebstoff
* Bleistift
* Lineal
* Bindfaden
* Schere

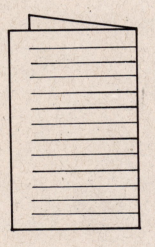

1. Ein DIN-A4-Blatt buntes Papier oder Folie in der Mitte falten.
2. Von der gefalteten Seite aus mit einer Schere alle 1½ cm einschneiden, jedoch nicht durchschneiden.
3. Das Papier öffnen, quer zusammenlegen und die Enden miteinander verkleben.
4. Einen Bindfaden zum Aufhängen am oberen Rand durchziehen.

* Viele kleine und größere Ampeln sind für die Party schnell gebastelt!

# Ketten und Schlingen

Das wird gebraucht:

* buntes Papier oder Geschenkpapier
* Bleistift
* Klebstoff
* Schere

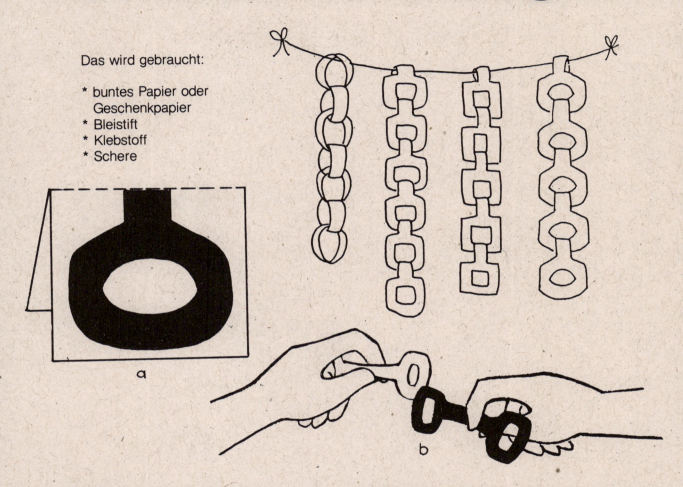

1. Buntes Papier oder Geschenkpapier zuschneiden und falten (Zeichnung a).
2. Muster aufzeichnen und ausschneiden.
3. Ein ungefaltetes Kettenglied durch ein gefaltetes ziehen und wieder falten (Zeichnung b).
4. Schritt 3 wiederholen, bis die Kette lang genug ist.
5. Letztes Glied zukleben.
* Bastelt eure eigene Partydekoration!

# Aufhänger aus Salzteig

Das wird gebraucht:

* Mehl, Salz und Wasser
* Plätzchenausstecher
* Zahnstocher
* Plakafarbe
* Pinsel

1. Jeweils die gleiche Menge Mehl und Salz vermengen (z.B. 1 Teil Mehl und 1 Teil Salz).
2. Langsam kaltes Wasser hinzufügen, bis der Teig sich gut kneten läßt.
3. Falls der Teig zu dünn wird, noch mehr Mehl hinzufügen.
4. Ausrollen und mit verschiedenen Plätzchenausstecher ausstechen.
5. Jeweils ein kleines Loch für den Aufhänger mit einem Zahnstocher einstechen.
6. Auf niedrigster Stufe im Backofen trocknen lassen.
7. Mit Plakafarbe oder anderen Farben bemalen (nicht zu naß!)
8. Für Gesichter, Augen, Nase, Haare usw. extra Teig verwenden.
* Geschenktip: Graviert Namen oder Verse mit einem Zahnstocher ein!

**Angela Zeidler-Frész**
**Das alternative Bastelbuch für Kinder — Band 2**
ISBN 3-86188-104-7 · 96 Seiten

Dieser Nachfolger des ersten Bandes ist deshalb alternativ, weil er erstens auf Original Umweltschutzpapier gedruckt wurde und zweitens viele Wegwerfartikel aus dem Haushalt als Basismaterial verwendet werden. Ein Buch in der Reihe **aktiv & kreativ**.

**Margit Thomas**
**Kinder in der Küche — Tips + Rezepte**
ISBN 3-86188-101-2 · 96 Seiten

Dieses Buch ist mehr als nur ein Kochbuch für Kinder. Es gibt auch Anregungen für die praktische Mithilfe der Kinder im Haushalt. So lernen sie neben dem Spaß beim Kochen und Backen auch Verantwortung zu tragen. Spielerisch wird ihr Selbstwertgefühl gesteigert. Ein Buch in der Reihe **aktiv & kreativ**.

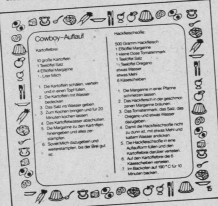

**Angela Zeidler-Frész**
**Kinderfeste — einfach und lustig**
ISBN 3-86188-105-5 · 96 Seiten

»Eine Kinderparty muß kein Streß sein oder viel Geld kosten!« Unter diesem Motto gibt dieses Buch Anregungen, wie Eltern mit Kindern gemeinsam mit viel Spaß und Freude das Kinderfest **aktiv & kreativ** vorbereiten und durchführen können. Ein Buch in der Reihe **aktiv & kreativ**.

Fragen Sie nach dem ZEBOLD Gesamtverzeichnis!

**Maria Czerwonka**
**Selbstgemacht und Mitgebracht**
ISBN 3-86188-162-4 · 96 Seiten

Fünf bis Zwölfjährige sind die Ansprechpartner der Autorin, die eine Fülle herrlicher Bastelideen zusammengetragen hat. Dabei werden als Material Haushaltsreste und Naturmaterialien verwendet.

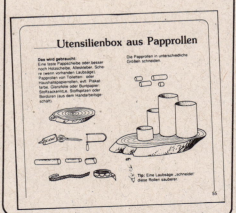

**Esther Kugler**
**Mit Kleinkindern durch das ganze Jahr**
ISBN 3-86188-161-6 · 96 Seiten

Nützliche und interessante Anregungen erhalten Sie in diesem Buch. Die Autorin ist Erzieherin und setzt ihre praktische Erfahrung um. Sie konzentriert sich insbesondere auf Vorschulkinder.

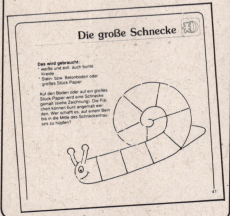

**Margit Thomas**
**Mit Kindern und Nilpferden spielend reisen**
ISBN 3-86188-102-0 · 96 Seiten

Dieser Band enthält Hunderte von Ideen, wie man etwas gegen die häufig auftretende Langeweile einer Auto-, Bahn- oder Flugreise tun kann. Doch er soll Kindern nicht nur eine Beschäftigung bieten, sondern sie auch anregen, selber kreative Gedanken zu entwickeln.

Für Wünsche, Anregungen, Verbesserungsvorschläge und Ideen wenden Sie sich bitte an den Verlag.

Fragen Sie nach dem

Gesamtverzeichnis